AF320807

NE QUITTONS PAS

NOTRE PATRIE,

OU LE

Danger des Voyages.

PAR C......, de Th.

METZ,

CHEZ VERRONNAIS, IMPRIMEUR-LIBRAIRE,

PLACE DE L'HÔTEL-DE-VILLE.

1826.

NE QUITTONS PAS

NOTRE PATRIE,

OU LE

DANGER DES VOYAGES.

Vivre tranquille dans sa patrie, jouir du peu que la fortune nous a départi, chercher à l'augmenter par des moyens honnêtes, élever ses enfans dans la crainte de Dieu, voilà le bonheur d'un homme sage. Malheur à qui s'écarte de ces principes ! L'histoire suivante en est la preuve ; elle mérite attention.

Au mois de janvier 1826, un mendiant se présente à l'entrée d'une ferme isolée, à trois lieues de Thionville. Sa physionomie était altérée par la misère et le chagrin encore plus que par les années. La voix bienveillante d'une femme lui cria de s'approcher ; la fermière, grosse maman de 35 à 40 ans, était occupée à habiller trois enfans frais et gaillards ; sa fille aînée l'aidait en chantant : l'intérieur de la ferme n'annonçait pas une bien grande aisance, mais l'ordre et la propreté y régnaient et réjouissaient la vue.

Le mendiant resté sur le seuil de la chambre, soupira en voyant cette scène de bonheur qui s'offrait à lui. «Entrez, lui dit la fermière, entrez, mon pauvre vieux, et venez prendre un air de feu.

— Bien obligé, ma bonne dame, vous me faites bien du plaisir ! Que Dieu vous donne sa bénédiction !

— Eh ! d'où venez-vous donc ? vous n'êtes pas un pauvre, habitué du village ? car je les connais tous, et je me flatte qu'ils me connaissent bien : d'ailleurs, il y en a si peu ici.

— Ah ! madame, dit le vieillard, en approchant du feu ses mains amaigries, et que le froid du matin faisait frissonner, je suis d'assez loin d'ici et pour mon malheur, je n'ai vu que trop de pays.

— Ah ! vraiment. Que vous est-il donc arrivé ? Voyons, contez-nous ça ? Marguerite, va lui chercher un verre de vin, et quelque chose pour son dejeû-ner : ça ne vous fera pas de mal.

— Je n'ai pas toujours été pauvre, reprit le men-diant ; ce qui redouble l'amertume de mes regrets, c'est que, si j'avais voulu, je serais comme vous dans l'aisance, et en état de faire du bien aux malheureux ; j'aurais des enfans, je ne serais pas seul au monde. »

A ces mots le mendiant soupira péniblement : des souvenirs cruels gonflaient son cœur. Après un ins-tant de silence, il continua d'une voix altérée :

« J'avais une femme, un frère, des enfans ; j'avais une petite maisonnette bien propre, une maisonnette que mon père m'avait transmise, où j'avais passé mon enfance; aujourd'hui, ma bonne dame, je n'ai plus rien : c'est ma folie qui m'a tout enlevé. Combien je sens chaque jour de plus en plus la perte que j'ai faite! Quelle sera ma vieillesse? Ecoutez, mes enfans, et profitez de mon malheur.

« J'avais dans mon voisinage un soldat beau parleur qui avait fait, disait-il, vingt campagnes; il avait vu bien du pays. Il avait voyagé dans l'Amérique, et il m'en vantait sans cesse le doux climat. Il n'y avait que ce pays pour être heureux : les européens, avec la moindre industrie, étaient sûrs d'y faire fortune. « Morbleu, me disait-il, si j'avais été comme vous un bon agriculteur, je ne serais pas en ce village à traîner ma vieille peau. A l'heure qu'il est je roulerais carrosse, et je ferais le grand seigneur. Mais, ma foi, ajoutait-il, dans ce tems-là, j'étais jeune, dépensier, et je ne savais que me battre. »

« Ces discours souvent répétés firent d'abord sur moi bien peu d'impression; peu-à-peu j'y réfléchis davantage, et enfin je sentis naître dans mon cœur le désir de tenter le voyage. Une chose qui ne contribua pas peu à me pousser dans le précipice, fut la lecture d'un journal allemand qu'un soir d'hiver le vétéran m'apporta comme en triomphe. Ce journal rapportait entr'autres choses que l'Amérique produisait des arbres dont les fruits remplaçaient avantageusement le pain; que souvent en bêchant la terre on y trouvait de l'or; que l'arpent de terre s'y vendait presque pour rien; que la semence rapportait cent grains pour un, etc. Cette lecture acheva ce que les discours du vieux soldat avaient commencé. Mon désir se convertit en une violente passion ; je ne rêvais plus que fortune, que trésor ; en vain ma femme, qui ne partageait pas ma folie, tenta-t-elle de me dissuader. Son simple bon sens lui suggérait quelquefois des objections qui m'arrêtaient tout court ; bientôt la passion reprenait le dessus ; mes bonnes résolutions s'évanouissaient.

« Enfin je vendis tout mon avoir. Ma femme, par attachement pour moi, consentit à me suivre ; et je partis malgré les avis et les exhortations de mes parens et de quelques amis, malgré les plaisanteries des voisins plus sages que moi, ou peut-être jaloux en secret d'une fortune qu'ils m'enviaient et que je ne devais jamais posséder. J'emmenai avec nous trois enfans et un frère que les discours du vétéran avaient séduits. Quant à celui-ci il regretta, m'assura-t-il, que son âge et ses infirmités ne lui permissent pas de nous accompagner dans le pays des heureux.

« J'avais réalisé une somme de 8000 francs avec lesquels je croyais pouvoir aller au bout du monde. Je feignis d'avoir le besoin d'aller à Bruxelles pour me procurer un passeport à l'étranger ; je l'obtins, je partis. En arrivant à Rotterdam, ville de Hollande, où je comptais m'embarquer, je m'empresse de m'informer du plus prochain départ pour le Brésil : mais la saison des départs était passée depuis plus d'un mois ; il fallut me résoudre à attendre. Cependant mon voyage avait déjà entamé mon trésor ; et le séjour forcé que je faisais à Rotterdam le diminuait chaque jour. Ma femme, effrayée des commencemens malheureux de notre entreprise, tenta encore une fois, mais en vain, de m'en détourner.

« Enfin arrive ce jour tant désiré; on annonce un navire partant pour le Brésil; le prix que le capitaine du vaisseau exigeait pour notre transport excédait la somme qui nous restait. N'importe, me disais-je, donnons quelque chose au hasard; une fois arrivé là bas, j'aurai bien vite gagné les moyens d'acquitter ma dette. Mais, vous allez voir mes enfans, combien il est insensé de compter sur la fortune sans prendre auparavant tous les moyens de se la rendre favorable.

« On s'embarque; je ne vous parlerai pas des fatigues et des peines inséparables d'un long voyage sur mer. La vue de ma femme et de mes enfans en proie aux vives douleurs de ce qu'on nomme *le mal de mer* et qu'on éprouve presque toujours la première fois qu'on se trouve sur cet élément; la vue de ces maux me touchait peu, je l'avouerai à ma honte; la soif des richesses m'avait en quelque sorte endurci aux maux des autres. Enfin paraît à l'horison ce rivage que mes yeux depuis longtemps se fatiguaient à vouloir découvrir; mon cœur palpitait d'aise; mon âme entière s'échappait dans mes regards; cependant de tems à autre un sentiment d'inquiétude se peignait sur mon visage; à mesure que nous avancions je me demandais plus souvent comment je pourrais payer en entier mon voyage. Je tournais alors avec anxiété mes regards sur le capitaine, vieux marin, dont ma crainte m'exagérait la brusquerie.

On arrive , on débarque : au milieu du tumulte et du mouvement qui régnaient sur le rivage , je m'approche humblement du capitaine qui , tranquillement assis sur un ballot , fumait gravement en donnant ses ordres. J'expose avec le plus vif embarras l'état où je suis réduit , mais lui , dès les premiers mots , m'interrompant brusquement, m'adresse les plus vifs reproches et m'accable de menaces. J'étais anéanti ; tremblant devant lui , je n'osais lever un regard suppliant ; ma femme et mes enfans en pleurs étaient à ses genoux.

« Un habitant du pays fut touché de leurs larmes ; il s'approche, s'informe et s'offre de payer , mais à condition que mes sueurs le dédommageraient de l'argent qu'il débourserait pour nous.

« Être débarrassé du capitaine était le besoin pressant du moment ; les offres de l'habitant brésilien sont acceptées sur l'heure ; un contrat en fut passé par un notaire. Mon frère , ma femme et moi , nous soumettons à travailler gratuitement pour lui pendant une année entière. L'espoir renaissait dans mon cœur ; mais qu'il dura peu ! nous venions d'enchaîner notre liberté.

« On nous conduisit dans une des plantations du colon qui nous avait sauvés ; c'était une vaste plaine parsemée de grands arbres , bornée par une rivière d'un côté et des deux autres côtés par d'immenses rochers. Les débordemens annuels de la rivière formaient dans les environs des marais immenses dont les exhalaisons empoisonnaient l'air au loin. C'était là qu'on m'avait assigné ma demeure. Défricher cette vaste plaine, abattre les arbres, sécher les marais, ou y creuser de profondes saignées, telle était la tâche qu'on nous avait imposée. Lorsque, le soir, je rentrais fatigué des travaux de la journée, je ne voyais pas comme autrefois mes enfans accourir joyeux au-devant de moi et me délasser par leurs caresses. Le regret et l'ennui semblaient les accompagner partout. Une misérable cabane fabriquée à la hâte avec quatre troncs d'arbres, des branchages et de la terre, nous garantissait à peine des injures de l'air. Un lit de tiges de cannes à sucre entassées et garnies de mousse recevait nos membres abattus par la fatigue. Le jour comme la nuit, des nuages de *moustiques* et d'autres insectes ailés nous poursuivaient sans cesse et nous désolaient par leurs piqûres douloureuses.

« Quelques malheureux que j'avais interrogés sur ces avantages si vantés de l'Amérique, m'avaient répondu qu'en Amérique comme en Europe les heureux faisaient le petit nombre ; qu'autrefois, il est vrai, les aventuriers avaient trouvé dans l'ignorance ou la faiblesse des habitans du nouveau monde d'immenses avantages, mais que ces tems n'étaient plus, et que la multitude d'étrangers accourus à leur exemple avait usé toutes les ressources que des rapports mensongers exagéraient encore en Europe.

« Le voile était tombé pour moi, mais hélas ! mes malheurs ne faisaient que commencer. Mon frère succomba bientôt à la fatigue et aux chagrins ; de trois

enfans que j'avais emmenés deux me restaient encore ;
le troisième n'avait pu résister à l'air malsain qui pesait
sur nous. Ma femme, ma pauvre femme, malheu-
reuse par attachement pour moi, je la voyais dépérir
journellement ! Sa santé, jadis si florissante, cette
douce gaîté qui l'animait autrefois, tout avait disparu :
Que de fois, en considérant son air souffrant et ses
regards éteints par le désespoir, je maudis ma détes-
table folie ! ! Mais elle me consolait, elle cherchait à
me rendre l'espoir et le courage.

« Sa piété, sa résignation aux maux présens, son
espoir dans un avenir éternel, étaient l'appui de cette
âme céleste ; sa santé cependant, s'affaiblissant chaque
jour, démontrait les secrets progrès du mal : nous
étions dans cette accablante situation quand un malheur imprévu vint en redoubler l'horreur.

« Un jour de dimanche, ma femme reposait, en-
dormie sur son grabat ; attentif auprès d'elle, le plus
jeune de mes enfans en écartait les insectes malfaisans.
A quelque distance de la cabane, mon fils aîné m'aidait à relever des palissades qu'un ouragan terrible
avait détruites la nuit d'avant ; tout-à-coup j'entends
un cri sortir de l'intérieur de notre demeure ; j'accours :
grand Dieu ! quel affreux spectacle !

« Mon enfant palpitait étendu sur la terre, autour
de son cou déchiré de morsures et ruisselant de sang,
un horrible serpent formait des anneaux redoublés.
Le pauvre malheureux, de ses faibles mains, tâchait
de se dégager ; son visage violet était décomposé ; tous

ses membres étaient agités de mouvemens convulsifs ; sa mère, trop faible pour le secourir, essayait en vain, comme dans un rêve pénible, de faire entendre quelques cris ; toutes les angoisses de la plus horrible douleur se peignaient dans ses yeux égarés. A cette vue, je m'élance, en un instant le monstre expire, et mon fils chéri est délivré ! Mais il était trop tard ! il ne survécut que peu d'instans. Les paroles de cet enfant retentissent encore à mes oreilles : « Fuyez cette terre meurtrière, fuyez-la, vous y périrez tous, oui, tous...,... — » Oh ! qui pourrait exprimer l'état de sa mère ! ce souvenir restera toujours présent à ma mémoire. Lorsqu'elle vit son fils étendu sans vie, elle tomba sans connaissance ; la pâleur de ses lèvres entr'ouvertes, l'immobilité de ses regards et de ses membres roidis, me jeta dans une effrayante incertitude ; elle resta longtems dans cet état alarmant ; enfin elle revint lentement à la vie ; à genoux auprès d'elle, la douleur avait presque éteint en moi le sentiment de l'existence : mes regards se portaient tour-à-tour sur le cadavre de mon fils, sur sa mère dont les plaintes me déchiraient le cœur. Jugez de ma douleur et de mes remords. Ah ! madame, je fus bien coupable, mais tout le mal que je ressentais alors a bien expié mon crime. Et quels souvenirs cuisans m'accompagneront encore jusqu'à ce que je l'aie rejointe ! ! Elle mourut aussi la meilleure des femmes, la meilleure des mères ; du moins, en expirant, elle m'a pardonné. »

A ces mots le vieux mendiant laissa tomber sa tête sur sa poitrine ; de grosses larmes coulèrent de ses yeux sur ses mains qu'il joignait avec force. Il reprit ainsi après quelques instans de silence :

« J'ai parcouru les différentes parties du nouveau monde ; j'ai vu qu'à bien peu de choses près, il ressemblait à celui-ci, et que tout bien considéré, notre pays, avec ses manufactures et ses ateliers d'industrie, offrait plus de ressources à l'indigence active.

« Il y a peu de jours que je suis arrivé dans ce pays, voisin du mien ; le dernier de mes enfans, qu'un accident m'a enlevé pendant la traversée, a renouvelé toutes mes douleurs ; aujourd'hui me voilà seul, je n'ose pas me montrer aux habitans de mon village, je n'en dois attendre que des railleries et du mépris.... Voilà le fruit de mon opiniâtreté à mépriser les bons avis. Oh ! mes enfans, profitez de mon malheur et d'une expérience funeste ; si jamais quelqu'un tentait de vous séduire par des récits exagérés, par de trompeuses espérances, souvenez-vous du pauvre mendiant ; ne quittez pas votre patrie.

C*******, de Th.

www.ingramcontent.com/pod-product-compliance
Lightning Source LLC
LaVergne TN
LVHW050239060726
842525LV00007B/2750